AF232815

SOMMAIRE
en attendant le Mémoire.

PROTESTATION *Notariée*, *Sommation juridique*, *plusieurs Lettres au Ministre de la Guerre et aux Régisseurs des Hôpitaux des Armées*.

Relatives à des Prévarications & à toutes sortes d'abus, qui ont été favorisés dans cette administration notamment encore à la soustraction de deux procès verbaux.

ET

QUESTION A CONSULTER
POUR

LE C. FORTIN, nommé Directeur aux Hôpitaux militaires de l'Armée de réserve à Reims, par suite d'un décret de l'Assemblée Nationale, au mois de Juillet 1792. cy-devant Contrôleur des Hôpitaux militaires, nommé en 1766. & pensionné.

CONTRE

LES susdits C. RÉGISSEURS, cy-devant Entrepreneurs ou Administrateurs intéressés de ces établissemens.

OBSERVATION PRÉLIMINAIRE.

LE mémoire que j'annonce a deux objets.

L'un a trait aux abus de tous genres qui portent préjudice à la santé de la troupe dans les Hôpitaux des armées et compromettent les intérêts de la Nation.

Le second me concerne personnellement. Il est relatif à des pour-
suites que j'ai à continuer dans les tribunaux contre les Régisseurs
généraux de ces établissements. On y verra que sous le ministère
de Lajard, ou sous l'activité des agens de l'autorité que ce Ministre pervers avait nommés pour être chargés de la surveillance
générale de l'Administration des Hôpitaux militaires, les fonctionnaires immédiats de ces mêmes Hôpitaux étoient exposés à perdre
leurs places, précisément par la raison qui auroit dû les y accré-
diter davantage, c'est-à-dire lorsque, témoins des abus qu'on favo-
risait, ils osoient se déclarer ouvertement pour exiger leur réforme.

Avant d'entrer dans ces discussions importantes, je vais dès-à-
présent faire un exposé succinct, qui amènera à la connaissance
des motifs de ma conduite depuis la fin de ma gestion de directeur des Hôpitaux militaires; étant indispensable de la rendre publique.

Un homme infecté d'une aristocratie purulente, suffisamment
connu par ses perfidies notoires, avait été revêtu d'une portion d'autorité d'un des Ministres les plus pervers, Lajard, pour surveiller
les Administrations et les fournitures des Armées du camp de Soissons, principalement celles des Hôpitaux qui sont les plus importantes de toutes.

Au mois de novembre 1792, ce principal agent du pouvoir exécutif, commis pour exercer sa surveillance, se rendit à Reims, où
il eût au contraire l'impudeur en arrivant dans cette ville de se laisser conduire par le Directeur principal des Hôpitaux de sa division,
dans la maison d'un *fournisseur*, qui lui avait fait préparer un logement chez lui et de l'accepter sans scrupule comme sans façon.

Cet être immoral, étoit l'Ordonnateur Dorly. Il avait été question avant son arrivée de préparer les moyens d'écarter de Reims
le Directeur des Hôpitaux, qui était le témoin des affaires com-
merciales qu'on devait traiter dans cette ville principale pour le service, parcequ'il s'était prononcé pour la réforme des abus.

J'etais ce Directeur incommode que l'on opprime après 27. ans,
de services pendant lesquels j'ai combattu les abus qui s'introdui-

saient dans ces Administrations, dans les tems que ces mêmes Régisseurs, aujourd'hui chargés d'intérêts de la République, étoient entrepreneurs pour leur propre compte et celui de leurs intéressés secrets.

Quand on voulut en dernier lieu exécuter le projet inique de se débarasser de ma présence, au lieu d'acquiescer à une nouvelle destination au sujet de laquelle on m'avait pressenti, j'offris ma démission qui contient la réserve de venir ensuite me présenter aux dépositaires des autorités et à la Convention Nationale, réclamer et demander mon remplacement.

Cette détermination de ma part porta l'Ordonnateur Dorly à m'écrire, qu'il m'assurait de son affection; il ne me convainquit que de son affectation et de sa fausseté.

Prévoyant donc que je ne souffrirois pas ses injustices en homme insouciant, il en communiqua avec sa cabale et l'on tomba d'accord d'une prévarication.

Elle fut de soustraire deux procès verbaux et de temporiser, avant de fixer une décision au sujet des moyens de m'éloigner.

Enfin le fatal moment arriva, où l'Ordonnateur Dorly étant assuré de son poste d'adjoint au Ministre Beurnonville, quelques jours avant d'y arriver, fit prononcer ma destitution illégale le janvier 1793. qui fut signée par confiance.

+ Cet acte d'iniquité surpris à la religion du Ministre, ne me fut annoncé que le 26. février après que mon compte de déniers seulement eut été adressé de Soissons à la Régie à Paris, parceque l'on m'avait défendu formellement de rendre de compte en nature d'objets d'approvisionnemens et d'emmagasinemens, qui eût embarrassé le fournisseur, le Garde magasin et le Directeur principal.

Pour me mettre dans l'impossibilité absolue de cette reddition de compte, on m'avait fait arracher à mes fonctions par la force armée, en me forçant à désemparer l'Hôpital et à partir pour me rendre au quartier général à Soissons.

J'ai protesté dans les vingt-quatre heures contre cette violence arbitraire et ses effets.

Et lorsque j'ai été arrivé à Paris à la fin de Février, mes premières démarches, après en avoir consigné la cause dans les Registres de ma Section, ont été de me présenter à la Régie, dans les bureaux de la guerre et de faire une réclamation à la Convention.

J'ai exposé alors aux Régisseurs les faits que je viens de décrire, en persistant dans ma demande de rendre un compte général de tous les objets appartenants à la Nation et dont j'avais été chargé.

Le Citoyen Gouget, qui en sentit les suites et les difficultés, me refusa, et parut fort tranquille en m'assurant qu'on me donnerait une décharge satisfaisante. Ce Régisseur imaginait que j'aurais l'inconséquence de l'accepter.

Les Régisseurs persévérerent longtems dans le refus de me mettre en état de rendre un compte général de ma gestion, qui ne pouvoit plus dépendre que de la représentation que je demandais des pièces de bureaux et des registres irréguliers dont on m'avait ôté la disposition par force, en installant mon successeur, auquel on avait donné tout pouvoir de s'en emparer sans m'en fournir *Récépissé*.

Dans cette circonstance, et après avoir usé tous les procédés imaginables auprès de la Régie, et renouvellé vingt fois mes réclamations près les Autorités sans aucun succès, puisqu'il paroit qu'elles n'ont pu leur parvenir, je me suis vu forcé de faire une sommation juridique aux Régisseurs.

Cette sommation sera comprise dans cet écrit avec les copies des lettres que j'ai écrites au Ministre pour lui renouveller l'extrême envie que j'avais d'éclairer sa religion qu'on avait surprise à mon sujet. Alors les Régisseurs, que j'avois pu émouvoir fortement par ce parti, s'empresserent de vouloir en prévenir la publicité.

Ils eurent la bassesse de charger un homme attaché à leur service d'apporter au principal locataire de la maison où je demeure, une lettre cachetée à mon adresse, de l'engager à ouvrir cette lettre et à lui en donner un reçu. Pour y réussir, après avoir déja fait inutilement la même tentative auprès de sa femme qui avait refusé en l'absence de son mari de rompre le cachet, ce commissionnaire osa le briser lui-même pour faire lire qu'elle contenoit des réproches et de grandes menaces. Cette ruse pouvait à la fois m'épouvanter et me compromettre dans ma Section, attendu que le principal locataire chez qui je demeure devoit être et a été agrégé au comité de surveillance, mais comme il connaît mes principes, indigné de la ruse il fit arrêter ce prévaricateur qui déclara qu'il n'avait rien fait que par ordre des Régisseurs. Le procès verbal de ce délit existe à ma Section et je pourrai en produire une expédition.

Depuis ce moment les Régisseurs convaincus qu'ils ne pourraient s'affranchir de mes demandes relatives à mes comptes, ainsi qu'à d'autres choses non moins importantes et sur-tout de la réproduction des deux procès verbaux qui les embarassait extrêmement, se retranchèrent dans l'affectation de vouloir eux-mêmes ce compte qu'il était prouvé authentiquement que je les forçais à consentir à ce que je le leur rendisse.

J'ai demandé, il est vrai avant tout, ma réintégration dans mon état entier, parcequ'elle ne peut dépendre du résultat de ce compte, après tout ce qu'on vient de lire, qui a pu favoriser les abus et les prévarications les plus coupables.

Une décision sur cette seconde demande qui était juste, m'a aussi été refusée, malgré qu'un aveu qui ne pouvait résister à la force de la vérité, contient dans un rapport, au bas duquel le Ministre a signé un ordre, *qu'il paraissait possible* que ma destitution illégale fut injuste et que mes dépenses ont été faites avec œconomie et prudence.

Voici la transcription des pièces dont je viens de faire mention, elles feront préssentir tous les maux qui peuvent découler de la source des funestes abus que je userais forcé de découvrir par devoir, par humanité et pour parvenir à obtenir la justice que j'invoque à mon secours.

COPIE d'une Protestation du cy-devant Directeur des Hôpitaux Militaires de Reims.

Le 17. Décembre 1792, l'an premier de la République française,

Est comparu devant les notaires résidens à Fismes, soussignés en l'Étude de Bonde l'un d'eux, dix heures du matin ;

Le Citoyen Léopold Fortin Directeur des Hôpitaux ambulans de l'Armée de réserve, ayant exercé les dites fonctions à l'Hôpital ambulant de saint-Remy de Reims.

Le quel a requis les dits notaires de dresser acte des réclamations et protestations qu'il prétend être en droit d'exercer relativement à l'irrégularité des moyens qu'il déclare avoir été employés pour l'obliger à abandonner la direction du dit Hôpital de saint-Rémy de Reims ; lequel acte les dits notaires ont rédigé sous la dictée du dit Citoyen Fortin ainsi qu'il suit.

Après avoir observé que la direction du dit Hôpital, lui avait été confiée par le Pouvoir Exécutif, d'après un Décret de l'Assemblée Nationale sur la réclamation qu'il lui avait présentée au mois de Juin dernier.

Le dit Citoyen Fortin soutient que l'irrégularité de son renvoi du dit Hôpital consiste en ce que le Commissaire Ordonnateur Dorly et le Commissaire particulier Besançon-Perrier ayant la police du dit Hôpital Militaire de Reims, ont constament refusé de faire procéder, soit à un inventaire, soit à une vérification des objets reçus à l'Hôpital pour le service, notament depuis le premier novembre dernier et d'en constater la sureté dépendante de la manière dont les réceptions, consommations, ou distributions ont été faites, parceque faute d'avoir pris les mesures indispensables que la justice réclamait en sa faveur et pour avoir mis un sous-directeur en pouvoir de disposer sans autres for-

malités généralement de tous denrées , effets et approvisionnemens quelconques dont la responsabilité lui était attribuée. il
résulte de la force majeure employée contre-lui.

1°. Que les intérêts de la régie sont compromis tant, par des abus
précédents que l'on pourra couvrir, que par d'autres nouveaux abus
encore qui pouront s'introduire par des distractions ou des substitutions d'objets dont il ne peut plus être responsable.

Et comme il se réserve de démontrer l'impossibilité de constater
par la suite, si les objets qui pouront manquer ; ont pu être distraits,
ou changés pendant le tems de sa gestion, ou depuis qu'un autre lui
aura succédé ; Il lui importe de consigner dès-à-présent et de faire
constater authentiquement la résolution qu'il a prise de se pourvoir
en tems et lieux contre qui il appartiendra pour le tort que ces in-
certitudes peuvent lui faire dans l'oppinion publique et les torts aussi
que lui pouront causer les prétextes supposés que l'on a pris pour lui
préparer une nouvelle destination, ayant refusé de recevoir sa démission qu'il avait donnée en se réservant néanmoins de redemander du
service dans le *tems opportun*, parceque l'on a tenté de faire prendre
le change sur les véritables motifs qui ont déterminé une conduite
irrégulière contre un père de famille citoyen irréprochable et à qui
parconséquent on n'avait pas droit de refuser la justice qu'il réclamait pour la sureté de ses intérêts ; pour la conservation de sa Réputation et pour les intérêts de la Régie.

De tout quoi ce, requérant le Citoyen Fortin, a été rédigé le présent acte par les dits notaires pour lui servir et à tous autres qu'il appartiendra en ce que de raison et a signé avec nous les dits notaires,
après lecture faite de la minute enrégistrée à Fismes le vingt six décembre 1792. signé Leclerc qui a reçu une livre, signé Bonde et
Linoy.

COPIE d'une sommation faite aux Citoyens Régisseurs généraux
des Hôpitaux militaires , par le cy-devant Directeur des Hôpi-

taux de Reims , le 22. Juin 1793. l'An deuxième de la Répu-
blique Française , une & Indivisible.

Le 22. Juin 1793. L'an deuxième de la République française.

A la Requête de Léopold Fortin ancien Contrôleur des Hôpitaux Militaires demeurant à Paris Rue Geoffroy Langevin N°. 323. Section de la Réunion et pour le quel domicile est élu en la maison de Pierre Muné Avoué près les Tribunaux demeurant à Paris Rue et faubourg du temple N°. 17. section de Bondy.

J'ai Jean Godin Huissier du Tribunal de Paix de la section de Bonne Nouvelle à Paris y demeurant place de l'Égalité N°. 3. soussigné, signifié et déclaré aux Citoyens de Mars, De la Fleurie et autres Régisseurs généraux des Hôpitaux des armées en leur Bureau général de la Régie à Paris Rue Caumartin , au dit Bureau en parlant à un commis qui n'a dit son nom de ce sommé.

Qu'il a été nommé par suite d'un décret de l'assemblée législative, à la place de directeur des Hôpitaux Militaires , établis à Reims et Laon armée de réserve.

Qu'il a eu, malgré que ce décret eût déplu à ses adversaires des bureaux de la guerre et de la régie, l'exercice de ces Hôpitaux pendant les mois d'Aoust, Septembre, Octobre, Novembre et Décembre 1792.

Que son exactitude et son zèle à remplir la surveillance et les devoirs qui lui étoient confiés, notament son empressement et ses sollicitations, pour qu'il fut dressé un inventaire général et légale Constatés par un procès verbal, de tous les objets dépendans de son administration et de tous les Régistres et pièces de bureaux qui ne pouvaient souffrir de déplacement sans autorisation , lui ont attiré la malveillance d'intéressés à ce que l'on ne constatât pas la situation de ces Hôpitaux.

Que pour parvenir à leur but, ils ont employé contre lui la force majeure , ils ont refusé *absolument* de faire procéder à un inventaire général, et qu'en vertu d'un ordre arbitraire du Citoyen Dorly com missaire ordonnateur en chef de l'armée de l'intérieur, adressé au Citoyen Besançon—Perrier commissaire des guerres à Reims, du 13. Décembre 1792. et de celui donné le 15. du dit mois, en conséquence par le Commandant de la force armée à Reims, notifié au requérant le même jour, il a-été enlevé le 16. du même mois de Décembre à ses fonctions.

Que pour se soustraire à l'oppression, sans avoir pu obtenir que l'on fit préalablement un inventaire des objets dont il était chargé, et dont il était responsable envers la nation à qui il devait en répondre, il partit le 16. au soir, (A).

Qu'arrivé à Fisme, il protestat le dix-sept du même mois devant les notaires publics résidens en cette ville et fit dresser acte des réclamations qu'il était en droit d'exercer relativement à l'irrégularité des moyens violens employés pour l'obliger à abandonner la direction des dits Hôpitaux de reserve à lui confiés par le pouvoir exécutif en execution du décret de l'Assemblée nationale sur le fondement du refus constant fait par le commissaire ordonnateur Dorly et le commissaire particulier Besançon—Perrier, ayant la police des dits Hôpitaux militaires, de faire procéder en sa présence, soit à un inventaire, soit à une vérification des objets reçus à ces Hôpitaux, *notamment depuis le premier novembre dernier*, et sur ce qu'il lui avait été substitué un sous-Directeur avec pouvoir de disposer sans aucune formalité de tous les effets de magasin Denrées et approvisionnemens quelconques; étant dans les Hôpitaux dont la responsabilité pésait sur lui.

Sur le fondement des distractions ou substitutions des objets dont il ne pouvait plus être responsable.

Qu'après avoir consigné ses protestations et ses réclamations, il

(A) La veille un gendarme national vint signifier au directeur ordre de ce départ, et le lendemain matin, au lieu d'un il se présenta deux gendarmes qui vinrent l'arrêter pour le constituer prisonnier, mais ayant été conduit chez le Commandant, il obtint deux heures pour partir.

C

se rendit à Soissons, conformément aux ordres à lui donnés, près le Directeur principal, où il a attendu envain que l'on décidât, *par quelles formalités et par quels moyens, on entendait supléer à l'inventaire général dont on avait rendu les opérations impossibles*; et enfin si l'on réfléchirait à la nécessité de le rendre à ses fonctions à Reims, puisqu'on avait *refusé sa démission* dans le tems opportun où il aurait pu venir réclamer auprès des autorités et de la Convention.

Que toutes les démarches qu'il a faites depuis cet époque jusqu'aujourd'hui, soit auprès des Citoyens Régisseurs, soit auprès du Citoyen Ministre Bouchotte, pour qu'ils voulussent le mettre en état de rendre le compte général de son administration particulière relativement aux dits Hôpitaux, ont été inutiles, parcequ'on ne voulait qu'un compte des fonds qui lui avaient été confiés pour les besoins du service.

Que de trop fortes raisons assez aisées à sentir, lui font un devoir de persévérer dans la résolution de porter le plus grand jour possible sur toutes les opérations dépendantes de sa place de Directeur des dits Hôpitaux, et de fonctionnaire public.

Que les Citoyens Régisseurs sçavent comme lui qu'il ne leur est pas permis de le dispenser de ce devoir et que parconséquent et quand bien même ils seraient parvenus à lui faire accepter une décharge pure et simple de sa Comptabilité, dans le sens que les Commissaires des Guerres Ordonnateur, et particulier Dorly et Besançon-Périer lui en ont marqué l'intention *par écrit*, les Citoyens Régisseurs ne pourraient après cela parvenir eux mêmes à rendre leurs comptes généraux qu'en l'inculpant avec la plus grande injustice d'avoir désemparé sa direction sans avoir voulu se mettre en Règle.

Qu'en supposant donc que si les Citoyens Régisseurs ayent pû croire que ces réflexions lui échapperaient, et lui ayant crû gratuitement des principes érronnés sur ses devoirs, ils ayent donné leur aveu au Directeur principal de la division où il étoit employé pour que celui-ci s'entendît avec le Commissaire Ordonnateur et le Commissaire des Guérres chargés de la police de ces Hôpitaux, à l'effet de soustraire le Réquérant malgré lui à sa responsabilité générale: jai déclaré comme par ces présentes je déclare aux dits Citoyens Régisseurs, que le Réquérant trop soigneux de sa réputation n'ohmettra dans aucun tems de prendre toutes les précautions, de donner tous les éclaircissemens qui pouront satisfaire et qui seront en son pouvoir sur les comptes qu'il a à rendre à la Nation dans la représentation de ses premiers agens de l'Administration générale des Hôpitaux.

Pourquoi et pour remplir ses vues, mettre sa conduite au plus grand jour, la justifier et assurer pour toujours sa décharge générale et légale, jai à la Requête du dit Citoyen, Réquérant au bureau et place comme dessus, sommé requis et interpellé les dits Régisseurs généraux des Hôpitaux des Armées: de mettre le Réquérant en situation de former le compte général de la gestion qu'il a eû des Hôpitaux Militaires de l'Armée de réserve de LAON et de REIMS en qualité de directeur des dits Hôpitaux, depuis le mois d'aoust 1792 jusques et compris le seize décembre suivant, jour où il a été enlevé par des ordres arbitraires du Citoyen Dorly et à l'aide de la force armée, à ses fonctions des dits Hôpitaux; laquelle formation de Compte dépend de l'indication d'un bureau qu'il a requis, soit verbalement soit par écrit, lequel serait établi à la proximité des bureaux généraux de la Régie et de la réunion de toutes les pièces additionnelles, accessoires et relatives à la ditte gestion et à l'établissement du dit compte, et à cet effet je les ai requis et sommé et interpellé à la Requête que dessus.

DE PRÉSENTER 1°. les Mémoires et quittances des différentes fournitures, qui ayant été faites pendant le cours de la gestion du Citoyen Fortin comptable, ont été acquittés par d'autres que par lui même.

2°. Les pièces justificatives des réceptions faites par le garde Magazin de tous les objets qui lui sont parvenus pour le service.

3°. Les bons et récipissés des articles que ce garde Magazin a mis dans le service, ou qu'il a livré, soit aux Officiers de santé, soit à d'autres employés.

4°. Les autorisations du garde Magazin qui justifient des expéditions qu'il a faites à d'autres Hôpitaux et son compte.

5°. Les Cahiers de visites des Médecins et Chirurgiens en Chefs.

6°. Les pièces de Comptabilité des principaux employés qui ont eû la gestion de l'Hôpital auxiliaire, dit des capucins, et de celui de l'ambulance près de Suippe, et leurs Comptes.

7°. Les autorisations, en vertu desquelles, le garde Magazin a exécuté le déplacement de différentes fournitures et approvisionnemens qui ont été transferrés de l'Hôpital dit de Saint-Remy à l'Hôpital auxiliaire, dits des capucins, où ils ont été laissés *à la charge du Parent du Citoyen Rundoules Negociant Fournisseur de plusieurs Hôpitaux*, en conséquence des ordres allégués du Directeur principal.

8°. *L'ordre d'installation de ce second garde Magazin.*

9°. *Le Marché du Charpentier* qui a fourni les bois de lits exécutés sur deux modèles et les pièces qui doivent justifier l'exécution de son marché pour les quantités de chaque sorte de lit et pour les dimentions.

10°. Les Marchés des fourneaux à loyer et les quittances de payemens.

11°. Les Marchés de la construction des Matelats.

12° Les Marchés, ou expédition du traité relatif à la fourniture de la viande, *et tous les marchés qui doivent être connus du Directeur.*

13°. Les états de journées d'Hôpital.

14°. Les feuilles de retenues à faire aux troupes.

15°. Les feuilles d'évacuation.

16°. Les billets d'entrées et de sorties, ou de morts, en formats imprimés qui ont été substitués en Novembre et décembre aux billets qui avaient été faits provisoirement à la plume et à la règle.

17°. Les Registres des entrans sortans et morts.

18°. Les pièces justificatives de la fourniture des vins, eaux de-vie, vinaigres, huiles, pruneaux, ris, bois, fagots, charbon, paille chandelles et autres denrées &c.

19. L'état des dépenses en constructions dans les Bâtimens de l'hôpital de Laon, qui passent pour avoir été ordonnées de la part du susdit Directeur sans autorisation et sur lesquelles dépenses *il importe au Réquérant de donner des éclaircissemens.*

20. Toutes les pièces également nécessaires à la Comptabilité de Laon.

21. Enfin, de reproduire les expéditions de *deux procès verbaux* faits au mois d'octobre dernier et le vingt-six novembre suivant relatifs à différentes plaintes contre l'Administration des Hôpitaux et dont les originaux ne se retrouvent plus dans les bureaux de la guerre, *où l'on a nié en avoir connaissance.*

Comme aussi j'ai sommé et interpellé et requis les dits Régisseurs généraux de déclarer quels sont les motifs qui les ont portés, eux ou leur Directeur principal, à se concerter avec le Citoyen Dorly Commissaire Ordonnateur pour parvenir *premièrement.* A éloigner le Réquérant de la direction des Hôpitaux de Reims d'après des plaintes *excitées par le fournisseur général* de ces Hôpitaux qui étoit suspect à certains égards et qui étoit lié *d'intimité particulière* avec l'Ordonnateur Dorly et le Directeur principal.

Secondement. A faire prononcer sa destitution à l'instant où le commissaire ordonnateur s'est cru suffisamment en crédit par son élévation au grade d'adjoint au Ministère (*) pour l'opérer illégalement

____

* Il n'étoit pas encore installé en qualité d'adjoint au ministère, mais tra-

D

et même en écartant par une force majeure tout moyen de procéder préalablement à un inventaire général des objets de la Régie dont-il avait la responsabilité et contre lesquelles démarches de destitutions arbitraires il a protesté et proteste.

Observant le dit Citoyen Réquérant aux dits Citoyens Régisseurs que comme la révision de tous les Régistres et pièces peuvent exiger un longtems pour remplir cet objet, il propose que ces opérations commencent par les vérifications de toutes les quittances de dépenses qui sont actuellement en sa possession et ce à l'effet de justifier que les dits fonds à lui versés ont été employés exactement et pour se décharger de la responsabilité qui incombre sur lui et sa décharge générale.

Observant encore qu'il ne peut plus user des tempéramens qu'il a pris depuis près de trois mois auprès des Régisseurs Administrateurs du Ministre même, attendu qu'ils ont trop pris sur ses intérêt pour qu'ils puissent les continuer n'y attendre plus longtems.

Comme aussi j'ai sommé et interpellé les dits Citoyens Régisseurs généraux sous la réserve de tous droits pour raison de sa destitution arbitraire et illégale de lui déclarer également par écrit s'ils ont participé à la ditte destitution et de déclarer nettement s'ils ont eu lieu de se plaindre de sa gestion et enfin de lui payer ses appointemens jusqu'à ce jour et un dédomagement de toutes les dépenses que son déplacement a occasionné par cette destitution illégale lui a causé sous les protestations qu'il fait de requérir la continuation de son traitement jusqu'à ce que sa réintégration ait été jugée et son remplacement effectué et que toute inculpation odieuse qui peut attaquer dans l'honneur soit annihilée.

Sur-tout quoi j'ai requis les dits Citoyens Régisseurs généraux de

___

dis qu'il étoit à Paris, où il intriguoit, il est notoire à Soissons que son secrétaire répandant le bruit de son admission à cette place dont il étoit assuré afin d'imprimer déjà la crainte de son crédit.

s'expliquer à l'instant et de me fournir leur réponse, si mieux ils n'aimaient donner cette explication sous trois jour par écrit au domicile du dit Citoyen Réquérant avec déclaration que faute de le faire dans le dit tems le dit Réquérant prendra leur silence pour un refus formel de défférer à ces différentes interpellations et se pourvoira par les voies, quand et par devant qui il appartiendra pour obtenir justice et satisfaction.

Les quels, en parlant comme dessus ont été de ne satisfaire quant à présent à la ditte sommation le tout refusant pourquoi je leur ai déclaré que le dit Citoyen Fortin se pourvoira ainsi qu'il appartiendra laissé copie du présent signé Godin, enregistré à Paris ce 25, Juin 1793 signé Linois.

COPIE d'une lettre écrite au Citoyen Bouchotte ministre de la guerre par le cidevant directeur aux Hôpitaux militaires de Reims, en datte du 29 Brumaire L'an deux de la République Française Une & Indivisible.

CITOYEN MINISTRE,

C'est depuis plus de six mois que je réclame sans succès pour la réproduction de deux procès verbaux qui ont été soustraits par la prévarication la plus dangéreuse et la plus coupable dans ses effets.

C'est depuis le même tems que je sollicite, ou la faveur d'une audience particulière de ta personne, ou d'être entendu dans les bureaux de la guerre sur des faits très-importans par la manière cruelle dont ils peuvent nuire dans les Hôpitaux militaires & par les pré-

judices considérables qu'ils portent aux intérêts de la République,
c'est de même que je demande en vain justice de l'oppression sous la
qu'elle on me fait gémir avec ma famille réduite à une honorable
pauvreté, mais souffrante, parcequ'il a plû à un fournisseur avide, lié
par une ancienne amitié avec le régisseur de mars, de faire demander à la Régie, de concert avec le Directeur principal et l'ordonnateur Dorly que je fusse éloigné de Reims pour aller exercer mes
fonctions de Directeur des hôpitaux ailleurs que dans la ville, où
il ne vouloit pas que je puisse-être le témoin des affaires commer-
ciales qu'il traitait pour le service.

Tes grandes occupations, Citoyen Ministre ne t'ont pas permis de
m'entendre, tu as seulement eu la bonté de recevoir un court mémoire énonciatif de mes demandes que j'ai eu l'avantage de te présenter et qui a été remis dans le tems au Citoyen Gauthier ton
adjoint.

Qu'en est-il résulté ? que j'ai été envoyé à la Régie, qui m'a ren-
voyé peu de tems après au Citoyen adjoint, le quel m'a fait encore
retourner me présenter à la Régie.

J'ai été conduit de la sorte succésivement neuf ou dix fois au moins
souvent à d'assez longues intervales de tems, et toujours sans qu'on
ait voulu, d'un coté, écouter ou connaitre par moi les causes de
mes plaintes graves, et de l'autre, sans que le Citoyen Gauthier n'y
autre personne dans les bureaux ait trouvé le tems de me faire une
seule question, ou recevoir le moindre éclaircissement de ma part
sur l'objet de mes démarches.

Enfin pressés par mes vives instances et peut-être importunes
quoique juste on m'a remis une lettre ministériele en date du 21
Août dernier pour que j'eusse à m'adresser de nouveau aux régisseurs, à l'effet d'obtenir la décision que je sollicitais en dernier lieu.

La décision des régisseurs tant sollicitée n'est intervenue que le 15
Brumaire, près de trois mois après les ordres ministérieles données

pour qu'elle fut prononcée; vû que j'étois pressant dans l'effet de mes demandes, elle a été qu'on me renverroit encore au ministre de la guerre.

J'ai donc encore une fois été obligé d'interompre ton adjoint qui, ayant été averti que les pièces à lui adressées par la Régie, me concernant, ne se trouvaient pas dans le moment, a bien voulu m'assurer qu'il me feroit parvenir incessament tes intentions, je les attends.

Mais avant de sortir de la maison de la guerre, je suis entré dans un troisième bureau où l'on a retrouvé aussitôt le rapport qu'on y avoit rédigé d'après quatre grandes pages d'observations des régisseurs dont on n'a pas jugé à propos que j'eusse aucune connoissance.

A l'égard du rapport, on a bien voulu m'en lire quelques lignes, énonçant *qu'il paraissait possible que j'eusse été destitué injustement.*

Alors j'ai pu donner un commencement pressé de l'explication des motifs de cette iniquité qui a eu pour objet de me faire désemparer de ma direction et de m'éloigner promptement de la ville, en abandonnant par force tous les objets en général, denrées, effets, régistres, meubles et approvisionemens en tous genres dont j'avais la responsabilité sans vouloir d'autre compte de moi que celui des deniers qui m'avoient été donnés pour le service.

Et lorsqu. l'on a vu ma persévérance à insister avec force pour qu'il fut procédé à un inventaire général, qui serait visé du Directeur de la division et légalisé ou arrêté par le comissaire chargé de la police de l'hôpital, ou de l'ordonnateur l'on m'en a renouvellé le refus formel, donc la sommation par moy faite aux Citoyens Régisseurs, le 22 juin dernier, annonce que j'en ai *les preuves écrites.*

Ce refus inconcevable, Citoyen Ministre, a été accompagné de grandes menaces, on a poussé l'acharnement jusqu'à employer la dernière violence, la force armée, pour m'enlever arbitrairement à mes fonctions.

E

Cette première ouverture que je me suis presque vu permise, après six mois de ma sollicitude n'a pas même encore pu être expliquée autant que je viens de le faire, mais le Citoyen chef du bureau des hôpitaux en a entendu une partie et m'a observé à ce sujet que *peut-être l'on serait obligé de te présenter un nouveau raport de cette affaire, faute, disait-il,* de ce que je n'avais pas produit les titres originaux de la preuve que j'avois qu'on m'avoit absolument et précisement refusé de faire procéder à l'inventaire sans le quel il était de toute impossibilité d'exiger que je rendisse un compte que par les moyens exprimés dans l'acte judiciaire cy-devant cité ; c'est-à-dire, autrement que par une vérification de ma part des états de toutes les dépenses diverses qu'on s'était attendu de présenter un jour à venir comme ayant été faites de mon tems pour le service, parceque, avant la sommation par la qu'elle j'ai demandé d'établir une vérification en forme de compte, on n'avoit pas cru (je ne sais sur quel fondement) que je serais assez soigneux de ma réputation pour songer à en faire la demande.

Mais comment aurai-je pu produire les pièces justificatives de ma déclaration ultérieure, puisqu'encore une fois lorsque j'ai eu accès auprès des agens de ton autorité, on n'a jamais voulu aucun éclaircissement de moy, tandisque ceux que la régie vient de présenter ont paru suffisans sans m'avoir été communiqués.

Citoyen Ministre, je te prie de voir qu'il est remarquable que ce n'est que depuis l'époque de l'authenticité de ma demande juridique d'admettre mes indications pour rendre, autant que possible, ce compte en nature d'objets dont il s'agit, que les régisseurs s'étant trouvé serrés de près, n'ont plus eu d'autre parti à prendre que d'affecter de vouloir sincèrement ce même compte que je demandais de rendre et qui cependant ne peut être rendu sans fraude par d'autres moyens que ceux que j'ai proposés et qu'ils continuent de rejetter.

Je te demande justice, Citoyen Ministre, tu me la dois et tu es sûrement instruit de mes démarches, auprès de la Convention et du comité de salut public, descends dans ton cœur, tu y trouveras l'équité que j'invoque.

Je l'espere, mais si l'on tarde trop à poser ma lettre sous tes yeux, j'irai avec confiance la lire à la Convention à qui l'on peut et l'on doit dire la vérité.

signé FORTIN.

AUTRE LETTRE au Ministre de la guerre, en datte du 4 Frimaire, l'An deuxième de la République française une et indivisible.

CITOYEN MINISTRE,

J'AVAIS proposé aux Régisseurs généraux de faire juger par des arbitres, la question de savoir, si j'ai une responsabilité, ou s'ils ont pris sur eux avec leur fournisseur, celle dont j'étais chargé, ils n'ont osé me répondre à ce sujet et ils doivent redouter bien plus encore le jugement d'une cause qui sera plus sérieuse et que je suis prêt à te soumettre.

Je joins une lettre que je viens de leur écrire, pour leurs prouver encore que je veux remplir tes intentions afin qu'ils levent

---

P. S. j'aurois joins, Citoyen Ministre les pieces originales que le chef de bureaux des hôpitaux m'a demandé, mais ayant pris le parti de remettre à un copiste tous mes papiers essentiels à ma caisse afin d'en faire le dépôt chez le notaire, je pourrai en tirer plusieurs copies notariées et les présenter. — ma mémoire me fourni, en attendant les termes d'une lettre de l'ordonnateur Ducly.

» vos lettres, Citoyens, ne paraissait pas répondre à l'intérêt constant que je
» vous ai toujours marqué.....je n'ai pas prétendu vous priver de votre place
» je change votre destination veilà tout....il n'est pas besoin de former un in-
» ventaire..... je vous renouvelle donc l'ordre de vous rendre à Soisson mardy.

les obstacles.

Je continue, Citoyen Ministre, à invoquer ta justice sur les différents objets que je t'ai présenté et sur le nouveau cas dont il s'agit.

Signé, FORTIN.

LETTRE AUX RÉGISSEURS.

CITOYENS RÉGISSEURS.

Vous me marquez par votre lettre d'hier, trois Frimaire que j'agirai sagement, de commencer par me mettre en voyage pour Reims sans le secours de mes appointemens, n'y sans toucher le reliquat de mon compte de déniers, c'est-à-dire, de sortir de mon logement sans payer ; d'emporter mes effets, malgré ceux qui ont eu la bonne foy de me prêter, dans la confiance que je satisferais à mes empruns sur ce que vous me devez légitimement, en un mot, vous m'engagez à marcher, rester ou me coucher sans boire n'y manger et de travailler à vos affaires. Ce conseil est plein de raison !

J'ai lû quelque part qu'un tyran fit couper les deux jambes à un homme qui lui déplaisait, et qu'ensuite il lui avait commandé de marcher ou qu'il le ferait mourir. Voilà précisement comme vous voulez me traiter.

J'ai ici les secours d'un parent qui ne pourra pas toujours me les continuer, alors s'il vous est possible de parvenir à faire exécuter votre menace d'emprisonnement sur le très-faux prétexte que j'ai une responsabilité, je supporterai plus facilement cette oppression qui peut mettre le comble à votre tyrannie. Je fais passer copie de cette lettre au Ministre, que je dois croire juste, ainsi vous pouvez compter Citoyens, que je suis à cet égard en pleine sécurité.

Signé, FORTIN.

PARIS , ce 7 Frimaire l'An deuxième de la République
une & indivisible.

LES Besoins, Citoyen, que tu nous témoignes & surtout le
desir de t'oter désormais tout prétexte pour éloigner la reddition de tes comptes, nous déterminent à prendre sur nous de
solder le décompte de tes appointemens. Tu voudras bien en
conséquence te présenter le plutôt possible à la caisse de l'Administration pour y recevoir la somme à laquelle cet objet se monte.
Tu connais les intentions du Ministre, ainsi nous n'aurons plus
rien à te prescrire, jusqu'à ce que tu t'y sois conformé.

LES ADMINISTRATEURS des Hôpitaux militaires,
signé, DE LA FLEURIE , J.B. DE MARS & GOUJET.

REPONSE.

CITOYENS RÉGISSEURS,

J'AI reçu votre Lettre du 9 Brumaire, voici ma Réponse.

L'Honneur, Citoyens, accompagne l'indigent plus ordinairement
encore que la Honte ne se trouve avec l'homme riche, ainsi je
n'ai pas été humilié d'être obligé dernièrement de vous faire l'aveu
que la retenue de mes appointemens échus me privent des moyens
d'existence pour soutenir ma famille qui gémit ainsi que moi
sous votre oppression.

A l'égard des motifs qui vous portent à vouloir persuader que
vous avez toujours désiré de moi la reddition d'un Compte *en na-*
ture d'objets que vous demandez aujourd'hui.

J'ai prouvé deux choses.

Elles sont contraires à l'évidence de cette intention *simulée.*

L'Une est que, ne voulant pas ce Compte on avoit persévéré
opiniatrement dans tous les moyens capables de m'empêcher de

le rendre jus-qu'à employer la force armée à cet effet.

La seconde, qu'il est clair que ma sommation que vous avez reçue le 22 juin 1793, vous a motivé à affecter alors de vouloir vous même ce même compte que je vous demandois publiqu ement de me mettre à même de rendre.

Il est encore un Fait non moins évident. C'est que vous seriez bien embarassés, Citoyens, de démontrer la possibilité d'aucun motif de prétextes dont vous me supposez avoir besoin pour éloigner la reddition des comptes *que je ne dois plus*, mais dont j'observe qu'il est nécéssaire que je m'occupe pour moi même.

Le Régisseur Gouget, n'a pas oublié sans doute que je lui ai objecté cette observation à mon retour à Paris, lorsqu'il m'a dit qu'on me donneroit sans difficulté une décharge satifaisante des objets en général de ma Comptabilité.

Quant à l'observation que vous me faites, que je connois les intentions du Citoyen Bouchotte à ce sujet, vous n'auriés pas dû ce me semble, Citoyens, laisser ignorer à ce Ministre *que je ne suis plus Comptable* puisque d'une part les pièces probantes de mes dépenses en déniers vous ont été remises suivant le récipissé qui justifie qu'elles ont été faites *avec œconomie et prudence* et d'un autre côté que l'on s'est emparé avec violence des objets dont j'avois à faire la remise qui n'auroit pu s'effectuer qu'en les vérifiant pour pouvoir être constaté régulierement.

Pourriez vous sincèrement au bout d'un an, prétendre que je sois obligé à ce compte que je veux cependant rendre de mon plein gré, conformément aux moyens qui seront mis à ma disposition !

C'est à dire comment suposeriez vous la possibilité que je fisse la remise des choses que vous en avez fait enlever par une violence prouvée, par conséquent que je n'ai plus, lorsque le compte n'en peut plus reposer que sur des vérifications à certifier de ma part, si elles peuvent s'effectuer.

Compter d'objets qui ont été repris est une proposition contra-
dictoire que la raison ne sçaurait concilier !

Quoiqu'il en soit, vous êtes trop judicieux, Citoyens, pour n'a-
voir pas senti que l'on ne peut me refuser la vérification des pièces
établissant les dépenses concernant ma gestion qui auront pû être
classées dans vos bureaux depuis mon déplacement forcé et illégal.

Vous sentez bien, déjà que sans cette demande, ma gestion aurait pû être surchargée par des erreurs que je n'aurois plus été à portée de vérifier dans trois ans, quatre ans, cinq ou six ans d'ici, plus
ou moins lorsqu'il se serait agi de la présentation de vos comptes
généraux à la nation que suivant toute apparence vous ne vous at-
tendez pas à rendre de sitôt.

J'aurois pû être compromis alors sans m'en douter, si je ne l'a-
vois prévu, n'étant pas prévenu du moment pour y parer.

Pour m'occuper du travail qui m'importe essentiellement, je me
suis disposé à partir pour Reims dès que vous n'avez pas jugé à
propos que cette occupation eut lieu à Paris où je croyois cependant qu'elle pouvoit s'opérer avec moins de difficulté et de dépense.

Signé LOTIN.

Le Citoyen Fortin cy-devant Directeur aux Hôpitaux militaires
de l'Armée de réserve, aux Régisseurs généraux des Hôpitaux
militaires.

Du 11. Brumaire, l'An deuxième de la Ré-
publique une et indivisible.

CITOYENS RÉGISSEURS,

LES treize cent cinquante livres de mes appointemens échus, que
vous avez chargé votre trésorier de me payer, me sont trop nécessaires pour les refuser. Mais la délicatesse ne me permettroit pas de les

toucher ce matin, quand elles m'ont été offertes, avant de vous prévenir que cette somme, déjà dépensée par des emprunts nécessités pendant le tems que j'en ai été privé, ne peut être employée, qu'à me libérer; il en est de même des avances que j'ai faites à la régie sur un fonds que j'avais reçu du Citoyen *Trutat* notaire, en Juin 1792, qu'il faut encore que j'acquitte pour que je sois libre de partir de Paris.

Après quoi je ne pourrai encore me mettre en route pour me rendre à Reims, ensuite à Laon, séjourner dans ces deux villes, revenir à Paris sans argent pour subvenir aux frais de ces voyages et de mes séjours. Veuillez donc encore Citoyens, délibérer sur cette position pénible où je me trouve.

Et si vous faites attention que j'ai rendu un service urgent à l'administration particulière surtout de l'hôpital militaire de Laon en avançant mes propres déniers, lorsqu'on avait exposé le service à de grands inconveniens, en me laissant manquer de fonds, vous trouverez certainement ma réclamation d'autant plus légitime que la Convention nationale ne veut point de *cautionnement* des fonctionnaires publics, mais malheur à qui la trompera dans les intérêts de la Nation.

Désirant ne point perdre de tems pour mon départ, je vous prie Citoyens, de me faire connaître si vous agréez mes représentations.

Signé FORTIN.

QUESTION A CONSULTER.

Des agens principaux du pouvoir éxécutif, ont été poussés à bout par un de leur comptable.

Je vais rappeler le fait. ce comptable, directeur des hôpitaux militaires est arraché du lieu de ses fonctions par la force armée sans qu'on veuille lui permettre de faire un compte des objets considérables en nature qui lui ont été confiés, mais néanmoins, on le force à tout abandonner à son successeur, lequel, par les ordres du directeur principal prétend s'en emparer sans aucune formalité préalable.

Le comptable se rend à Paris quelques tems après, lorsqu'il a envoyé son compte de deniers à la Régie; à son arrivée, il se présente aux Régisseurs et pendant 7 à 8 mois consécutifs, il ne discontinue pas de les presser fortement de lui procurer la communication des articles de toutes les dépenses dont la Régie se réserve nécessairement de produire un jour les états, comme ayant été faites pendant le tems de sa gestion. Il insiste avec courage sur cette réclamation nécessaire, pour pouvoir, après avoir vérifié ces états, en certifier les dépenses qu'il pourra reconnoître encore, avoir été réellement faites de son tems, et les distinguer de celles qu'il n'admettrait pas s'il lui en était attribué quelques unes mal à propos par erreur ou autrement.

Il fait observer aux Régisseurs, qu'ils l'ont mis dans l'impossibilité démontrée de rendre un autre compte que par ce moyen.

Sur leur refus constant, il leur renouvelle les mêmes instances par une sommation juridique.

Alors les Régisseurs délibèrent & déterminent :

1° D'esquiver la voie juridique.

2° De garder un profond silence sur la demande en réproduction des deux procès verbaux soustraits & rapellés dans la sommation.

3° Qu'ils feront dans les Bureaux de la Guerre des aveux pénibles relatifs à cette affaire.

4° Que l'on fera des démarches pour que le réclamant ne puisse avoir accès auprès des dépositaires de l'autorité, ou pour qu'il n'en soit point entendu.

5° Que pour l'obliger de condescendre à leur volonté, des propositions lui seront faites, dont l'effet seroit de couvrir des prévarications par des opérations *rétrogrades*, comme il s'en fera ailleurs qu'aux Hôpitaux de Rheims.

Toutes ces vérités sortent des faits, et les mesures qu'elles renferment ont été conçues par la nécessité des circonstances.

Les Régisseurs ne voyoient donc plus que la ressource de dissuader qu'ils eussent jamais entendu décharger purement et simplement le directeur de sa comptabilité sans reddition de compte, et d'affecter, pour remplir cette intention, de demander qu'il fût envoyé à Reims pour s'en occuper, en vertu d'un ordre sévère que l'on supposerait nécessaire en le sollicitant du Ministre sous un rapport de justice capable de surprendre sa religion.

Cette délibération pouvait encore tendre à faire croire que le directeur voulait échapper à la responsabilité, tandis qu'au contraire et quoiqu'il ne fût plus responsable de rien depuis l'acte de violence exercée contre lui qui l'a forcé à l'abandon de tous les objets qui lui avaient été confiés, il n'avait cessé de demander d'être mis à portée de vérifier les réceptions et consommations d'objets qu'il pouvoit arriver que l'on appliquât par la suite à sa gestion.

Peu importait au surplus aux Régisseurs, comment la comptabilité s'effectuerait, pourvu que le prétendu comptable remplît *les formes* d'un compte par l'espoir qu'on lui donnerait, que sa réintégration serait ensuite prononcée, et de voir applanir les difficultés que l'on formait à l'exécution de payemens légitimes qu'il réclamait, mais qu'il ne voulait pas obtenir par des actions coupables.

Après cette explication et ce qu'on a lu précédemment, qui m'est applicable, on voit que la question soumise à la consultation se réduit à savoir si je puis être considéré encore comme *Comptable obligé*, ou si je suis en droit d'être *comptable volontaire*, même autorisé à former opposition à la reddition des comptes généraux de la régie jusqu'à ce que j'y sois appelé pour vérifier les dépenses que l'on rapporterait à mon administration, à l'effet de certifier celles de ces dépenses que je reconnoîtrois y appartenir véritablement.

Une autre question qui ne paraîtra pas plus dérisoire que la précédente, c'est de savoir si ma réintégration peut dépendre du résultat d'un compte que je ne dois pas, quoique je veuille néanmoins le rendre autant que possible.

Les Bureaux de la Guerre et de la Régie, n'ont pas été d'accord sur ce point, malgré l'intermission plus que présumable des avis du C. Bernier, qui, après avoir subi la réforme dans les bureaux du Ministre a été recueilli dans ceux des Régisseurs, où il s'est trouvé mieux à portée que par le passé, de s'opposer aux succès de mes réclamations.

Une lettre ministérielle a donc été pour l'affirmative de ma seconde question, puisqu'elle contenait l'ordre aux Régisseurs de prononcer sur ma demande en réintégration dès le
dernier.

Et les Régisseurs ont été pour la négative, puis-qu'ils remirent après l'apurement d'un Compte que je ne dois plus, à prononcer ma réintégration et qu'ils ne le décidèrent ainsi que parce-qu'ils ne s'étoient pas attendus que je les mettrais dans le cas de simuler d'avoir eux mêmes toujours désiré ce même Compte, en leur demandant la réproduction de tous les Régitres ou Pièces Comptables dont on s'étoit emparé par des ordres de leur part.

Il résulte de ces choses que la question était restée indécise, je me vois obligé de la reproduire pour pouvoir être fixé.

Je ne crois pas qu'il soit nécessaire à son examen, d'établir à présent les motifs puissants qui ont causé mon déplacement illégal, mais si j'en retarde l'exposé, c'est qu'il exigera des détails circonstanciés qui seront compris dans l'impression de ma cause.

On y verra pourquoi il doit m'être pénible d'entrer en lice dans les tribunaux avec des hommes déjà tarés dans l'opinion publique, comme on en peut juger par la dénonciation rapportée N°28, da

Journal de Paris conçue dans les termes suivans.

« Saint-Just monte à la tribune au nom du Comité de salut public.
« Citoyens, dit-il,....... si l'on comptait tous ceux qui sont en pla-
« ce, sur 30,000, on n'en trouverait pas beaucoup dignes de la
« confiance du peuple; nous avons des preuves que les administrateurs
« des hôpitaux ont fourni pour six mois de vivres aux rébelles de
« la vendée; trois milliards ont été volés par les fournisseurs.

Ce sont cependant des hommes de cette trempe qui me tiennent sous l'oppression la plus cruelle, et qui se sont persuadés qu'ils parviendraient à se soustraire à l'appel de la justice; mais il faut qu'ils apprennent que le tems n'est plus où le pouvoir despotique méconnaissait *l'Egalité en Droits*.

RÉSUMÉ.

J'ai prouvé, entre autres choses démontrées jusqu'à l'évidence, premièrement que j'étais dans le cas d'un comptable qui ne doit plus de compte, parcequ'on s'est emparé de tous les objets de sa comptabilité et de tout ce qui devait servir à l'établir, en le contraignant par une arrestation arbitraire.

D'une autre part, on a pu se convaincre en lisant, combien les Régisseurs devaient se sentir coupables à l'égard de la soustraction frauduleuse des deux procès verbaux que je ne cesse de réclamer depuis un an, puisqu'on ne peut douter qu'ils ne fassent encore les plus grands efforts pour en empêcher la réproduction, parcequ'ils redoutent le moment douloureux où ils ne pourront éviter les observations que j'en rapprocherai.

Ce n'est là, que la moindre partie des Griefs dont j'ai à demander justice. Le reste au retour de mon voyage de Reims.